bonaventura-Verlag 2021

**Liebe und Freundschaft**
als die Achse unserer Bewegung,
als das Bewegende hinter unserem nüchternen Bedenken,
als die wortlose Stille zwischen den Sätzen,
als das was bleibt, wenn alles andere zu Ende kommt –
um nichts Geringeres geht es hier.
Das vorliegende vom Autor zusammengestellte
Auswahlbändchen seiner Liebes- und
Freundschaftsgedichte reflektiert den ganzen
Spannungsbogen zwischen leidenschaftlicher Hingabe
und kühler Sinnlichkeit, zwischen lustvollem Spiel
und hintergründigem Ernst, zwischen Festhalten
und Loslassen. Und zieht alle sprachlichen Register
von poetischer Empfindsamkeit bis zu ätzendem
Sarkasmus, von artistischer Metaphorik über pointierten
Wortwitz bis zu lakonischem Parlandoton. Das ist
immer wieder überraschend und erstaunlich und manchmal
höchst amüsant – und überhaupt alles mögliche,
nur kein bißchen langweilig.

**Lukas Priester**, geboren in Freiburg i. Br., lebt in Hamburg.
Nach journalistischer Tätigkeit und langjähriger
Arbeit als Gymnasiallehrer ist er heute freier Schriftsteller, Lyriker,
Poetry-Slammer, Songtexter, Kinderbuchautor
und Weltreisender. Gedichte schreibt er, nach eigenem
Bekunden, solange er denken kann.

Lukas Priester

# *Kußmond, abnehmend*

Gedichte
von Liebe
und Freundschaft

bonaventura-Verlag
bonaventura-hamburg@gmx.de

Erschienen im bonaventura-Verlag,
Hamburg 2021
Erste Auflage 2021
Alle Rechte vorbehalten


Druck und Bindung: wir-machen-druck.de
Printed in Germany
Umschlaggestaltung und Layout: el presidente


ISBN 978-3-00-071552-5

*Für Marisa*

### *Winternacht (Januar)*

*In der Dunkelheit*
*leuchtet noch eine Kerze*
*in deinen Augen.*

### *Am Morgen danach*

*Seit du bei mir warst,*
*finde ich mich kaum mehr*
*zurecht in meinem Leben.*
*Über den Haufen geworfen*
*mein mühsam geordneter Alltag,*
*alle alten Denkschubladen ausgeräumt,*
*alle nüchternen Zweifel beseitigt,*
*alle liebgewonnenen Gewohnheiten verworfen*
*alle vertrauten Bedenken hastig abgestreift,*
*alle Augenblicke ausgekostet...*
*mein Bett unvergänglich zerwühlt*
*vom dunklen, verworrenen Traum der Körper,*
*ein Schlachtfeld verschlungener Blicke,*
*eine Kissenschlacht atemloser Berührungen,*
*überall verstreut schmecke ich*
*deine Küsse auf meiner Haut,*
*und in meiner übernächtigten Triebstruktur*
*sieht es aus wie in einem geplünderten Pornoshop,*
*wie das Siegel eines Gerichtsvollziehers*
*haftet dein Geruch noch an allen Dingen,*
*und entzieht sie so sanft*
*dem groben Zugriff von Nutzen und Wert.*

*Ich finde nichts wieder von dem,*
*was ich war, bevor ich dich kannte.*
*Selbst mein eitles Selbstbildnis*
*hast du zerstört.*

*Alles außer an dich zu denken,*
*kommt mir jetzt plötzlich*
*wie maßlose Zeitverschwendung vor.*
*Na gut, mit dem Rest Champagner*
*mach ich die Tauben besoffen,*
*deine Wärme hält sich noch eine Weile*
*in meinen abgelegten Klamotten, bis ich*
*sie wohl oder übel wieder waschen muss,*
*und auch mein schlafloser Drache kommt*
*irgendwann wieder runter.*
*Aber ansonsten finde ich meine Unordnung*
*gerade so schön wie sie ist.*
*Immerhin meinen Kopf zum Träumen*
*hast du mir gelassen.*

*Nur den besten Teil von mir*
*hast du einfach mitgenommen.*


## Morgengedicht _____

*Schöne Überraschung.*
*Gib es zu, meine schöne Geliebte,*
*du hast diesen Tag für mich so erleuchtet,*
*hast alle Wolken aus meinen Gedanken*
*weggeküsst und mir einen Himmel*
*aus blauer, grenzenloser Liebe gemalt,*
*und auf meine Haut hast du zärtlich deine Hände*
*gelegt, auf meine Zunge einen nächtlichen Stern,*
*dass ich mich jetzt fast so sehr liebe*
*wie ich dich.*

## *Waldsee, zugefroren (Februar)*

*Unter der dünnen Decke
aus spiegelnder Ruhe und Eis:
tiefe Berührung.*

## Wintermorgen ————————————

*Es ist Schnee vorhergesagt,
und mich friert schon beim Gedanken
an das Geräusch von Eiskratzen
auf Windschutzscheiben und Schneeschippen
auf der Toreinfahrt gegenüber,
höchste Zeit hier wegzukommen
in den Schatten wiegender Palmen
und die Sonne auf der Haut zu spüren
auf einem weißen Balkon überm Meer,
aber plötzlich sind alle Landebahnen vereist
von hier bis Panama,
alle Fährschiffe eingeschlossen
im arktischen Packeis,
alle Landstraßen gesperrt
wegen Lawinengefahr,
und jetzt tanzen schon die Schneeflocken
in meinen Augen,
wenn ich an unberührte Traumstrände denke
und an karibische Nächte
ohne dich.*

## Im Flieger nach Havanna

Diese sogenannten Traumziele.
Fast zum Anfassen wirklich
in einem tiefblauen, unwirklichen Himmel
schwebende, schneeweiße Inseln,
auf schaumgekrönte Wellen gebettet,
von ewig träumenden Sommerwinden umstreift,
im Sand unter wiegenden Palmen
ein rotweiß gestreifter Liegestuhl, einsam,
zwei blaugrün glühende Cocktailgläser
auf felsigem Grund, wie absichtsvoll vergessen
in einer fernen, glücklicheren Zeit.
Noch weithin sichtba als Lichtblitze und Schattenrisse
hinter zerrissenen Nebelschleiern,
aus einem plötzlich zersplitternden Luftspiegel
auftauchend die letzten weißen Flecken
auf der verschollen geglaubten Landkarte
eines längst erloschenen Sterns.

Irgendetwas läuft hier gerade entsetzlich verkehrt,
seit Stunden fliegen wir in die falsche Richtung,
meine Zukunft liegt jetzt irgendwo hinter mir
in einem sich langsam verdunkelnden Wolkenmeer,
in der Ferne stehen alle Landebahnen in Flammen,
aus einem kalten, nächtlichen Himmel
fallen Sauerstoffmasken herab wie taumelnde Schneeflocken,
der geduldige Fallschirm in meinem Kopf will nicht aufgehen,
und vor allen Notausgängen
sitzen bleiche, schlafende Elefanten.
Mein ganzes Leben auf eine Papierserviette gekritzelt
zwischen zwei Horizonten, in Spiegelschrift, unleserlich,
nur gültig für die Dauer eines Fluges.
Ich will hier raus,
dann werde ich jetzt also nach vorne ins Cockpit gehen,
die Piloten mit einer getarnten Haarbürste
zur Umkehr bewegen und zur Notlandung zwingen
hinterm Hamburger Hauptbahnhof.

*Traumziele.*
*Dein altes Wasserbett in Hamburg-St. Georg,*
*weiter entfernt als die Rückseite*
*des Mondes, diese dunkle, verlassene*
*Insel auf deinem nächtlichen Körper,*
*um die meine Finger branden*
*und rauschen durch alle Zeiten,*
*der helle Spermafleck auf deinem Bauch,*
*der in der Dämmerung leuchtet*
*und funkelt wie ein gefallener Stern,*
*und heiße Wellen, die meine Haut*
*überfluten ein ums andere mal*
*in dieser blauen, versunkenen Nacht*
*und mich immer wieder treiben an dein einsames Land.*
*Meine Zunge eine Flaschenpost*
*mit verbotenen Botschaften, die nie abgesandt wurde,*
*der Spiegel neben deinem Bett*
*halb blind von soviel unerfüllten Träumen.*

## *Fern von dir*_____

*Ein heißer, launischer Mittagswind*
*weht dein Sommerkleid vor mir her*
*durch die engen, träumenden Gassen*
*von San Antonio del sur,*
*zuweilen drängt es sich gierig*
*zwischen deine Schenkel, schlingt sich*
*zärtlich um deine Hüften, reißt sich*
*unwillig von deinen Schultern los*
*und verspricht mir das Blaue vom Himmel,*
*dann schwebt dein Gang*
*noch nächtelang durch meine Träume,*
*du streckst deine Hand aus nach mir im Gehen,*
*kaum berühren deine nackten Füße*
*noch den Boden, so federleicht*
*und grundlos ist deine Liebe,*
*aber immer wenn ich dich ansprechen will,*
*bist du eine schlafende Katze im dunklen Torweg,*
*ein gurrendes Taubenpaar unterm Zitronenbaum,*
*der Schatten einer Tür, die ins Schloss fällt,*
*ein Hauch von Lavendel, Jasmin und Kokosmilch,*
*und aus allen Fensterhöhlen und verwinkelten Hausfluren*
*klingen dein vertrautes Lachen,*
*deine atemlosen Küsse, die nie zu Ende*
*geführten Gespräche mit dir...*

*Ein brauner, halbnackter Junge*
*auf einem räudigen Maultier jongliert*
*mit haltlosen Weissagungen und fauligen Früchten,*
*er ist dir schon hundertmal begegnet im Traum,*
*er sagt, er liebt dich, und ritzt dein Gesicht*
*aus dem Gedächtnis in die Schalen geplatzter Melonen,*
*er schreibt deinen Namen mit blutroten Händen*
*auf die verblichenen Plakate der Revolution,*
*dort leuchtet er nun einen Sommer lang,*
*sichtbar nur für Kinder und Liebende,*
*zwischen Vaterlandsliebe und Tod.*

Es zieht eine einsame Wolke über die Stadt,
sie weiß nichts vom Schatten
hinter den Mauern der alten Missionskirche,
von der Qual der endlosen Landstraßen unter der Sonne,
über die verfallene Hafenmole,
die verrosteten Schiffswracks,
den schmalen, brackigen Kiesstrand hinweg
zieht sie in blaue, uferlose Fernen
und weist mir den Weg zu dir.

## Erwachen (März)

*Amsel im Nebelgrund.*
*Behutsam wischst du das Grau*
*aus meinen Augen..*

## Santa Cruz del norte

*Keine Stadt mehr für Erinnerungen,*
*kein Raum mehr in unserem verlassenen Motel,*
*in dem nicht kalte Winde hausen*
*wie zottelige Vandalen, mit morschen Brettern*
*vernagelt das Fenster vor deinem träumenden Blick,*
*längst stillgelegt mein Bahnhof voller Abschiedsküsse,*
*geschottert, geteert unser heimliches Bett*
*in den Dünen, darüber jetzt fremde Fahrzeuge jagen*
*in weit entfernte, mondlose Nächte,*
*planiert unsere Schleichwege, sonnenüberwuchert*
*hinunter zum Strand, der so verborgen*
*und schmutzig war, dass er wohl nur*
*in unserer Fantasie existierte.*
*Aber unbeirrt geht die Sonne unter*
*über der alten Bootswerft,*
*wo wir uns Liebe schworen für alle Zeiten,*
*im Schatten hinterm Geräteschuppen*
*blüht noch ein Apfelbaum,*
*der alte Mond schwimmt noch immer im Brunnen,*
*und das schlaflose Meer wälzt seine schäbigen Lasten*
*an Land wie eh, Schaumgerippe,*
*Kadaver zerschlagener Hoffnungen,*
*unlösbar verknotete Botschaften aus Teer und Tang...*

*Hier habe ich deinen Namen in den Sand geschrieben*
*vor Jahrhunderten mit vor Liebe noch schläfrigen Fingern,*
*und ein einsichtiger Sommerwind hat ihn weitergetragen*
*über himmelblaue Tiefen und namenlose Gebirge*
*bis hierhin zwischen Palmenkissen und Flammenhaar,*
*wo ich ihn abermals schrieb mit heißen,*
*ungeduldigen Lippen auf deine sternklaren Lider,*
*auf deine dunkleren  Brüste,*
*in deine mondlose Scham...*
*das war in einer Nacht, die noch kommen wird, wieviele Male?*
*So einzig und unvergesslich wie tausend Nächte zuvor,*
*so glühend wie immer, so einsam wie nie.*
*In der wir uns liebten wie einst, nur auf tiefere Art.*
*In der wir uns wiedersehen werden, wo immer wir sind.*

14

Reisende sind wir in wechselnden Gestalten,
beständig nur in der Suche nach Verwandlung und Einkehr,
unterwegs mit dem leichten Gepäck der Liebe,
bekleidet nur mit dem nötigsten Vertrauen,
zuhause wo immer wir waren,
entwurzelt wo immer wir sind....
Unsere Herzen sind älter als wir,
sie wissen von Wegen dunkler als unsere Zukunft
und verschlungener als unsere Gegenwart,
sie waren vereint noch in sprachlosen Formen,
die wir ratlos zu Worten formten,
sie sprachen zu uns schon in nächtlichen Bildern,
bevor wir Gestalten annahmen,
du Felsengrotte, ich Salamander,
du Venustempel, ich Dornenbusch,
ich kühlender Schatten, du Flammenbaum,
du Pantherblick, ich dunkler Eulenflug,
du Mond im Brunnen, ich uferlos...

Liebende sind wir aus bleibender Erinnerung,
entzweit nur zuweilen durch die hoffnungslose Lust
am Vergessen, die tiefe Müdigkeit am Ende
 eines heißen Sommertages, den verstörenden Traum
von den sichtbaren Dingen, bleibend erinnert nur
als ein Gleichnis dieser vertrauten, unvergänglichen,
nie zu vollendenden Form.

### Aprilgewitter

Lichtblitze, fern, wie
ein Streit um nichts. Wir leben
zwischen den Stühlen.

## Genauer hingesehen ──────────

Kaum die Augen aufgeschlagen
an diesem Morgen geht mein erster Blick zum Smartphone,
diesem blinden Fenster zur Sehnsucht:
Keine Botschaft von meiner Geliebten.
Sie ist wohl eingeschlafen
über der überfälligen Steuererklärung.
Sie versucht aus dem brennenden
Haus zu retten, was geht.
Sie treibt auf einem Floß hilflos die Niagarafälle hinunter.
Sie hat mich vergessen.
Keine Botschaft von meiner Geliebten:
Es gibt so viel Wichtigeres als mich -
das ist auch eine Botschaft,
vielleicht die wichtigste in meinem Leben.

Gerade will ich mich bedanken
für soviel Demut und verschwiegene Weisheit,
da fällt mein zweiter Blick aus dem Fenster:
Der Tag ist ein altes, vergilbtes Blatt Papier,
vollgekritzelt mit dunklen, nichtssagenden Hieroglyphen,
selbst die Rückseite bemalt mit unentwirrbaren Labyrinthen,
ausweglose Straßen ins Nichts, gelangweilte Karikaturen
mit toten Gesichtern...
Das also ist die Erklärung:
Da passt kein zärtliches Wort mehr dazwischen,
kein Raum mehr für eine flüchtige Umarmung,
nicht einmal für einen angedeuteten Kuss.
Na also, sage ich mir, manchmal muss man
eben etwas genauer hinsehen.

## Lütjensee

Nach unserem Streit
waren die Wege noch schwer und bodenlos.
Und unter jedem Schritt schwankte und taumelte die Erde.
Der Himmel unsichtbar
über all den Klagen der trauernden Weiden.
Beim Reden hatten wir jede Richtung verloren.
Als wir am Ufer standen,
fanden wir auch keine Worte mehr.
Im See schwamm unser Spiegelbild
zwischen toten Ästen und Blütenstaub.
Lange sahen wir uns an,
aber wir konnten uns nicht erinnern.
Erst als wir einen Stein ins Wasser warfen,
flossen unsere Bilder zusammen.

### Ins Blaue gedacht

Der Himmel so hoch,
alle Türen darunter
stehen uns offen.

## Gespräche ─────────────

*Meine Liebste ist klug,*
*weil sie jeden Tag etwas klüger wird.*
*sie ahmt nicht das Leben anderer nach, sie ist kein Plagiat,*
*sie benutzt ihren eigenen Kopf um zu denken,*
*sie sucht sich die Erfahrungen selber aus, die sie machen will,*
*sie weiß, wovon sie redet, sogar wenn sie schweigt.*
*Sie ist weise genug, ein wenig verrückt zu sein*
*und bescheiden genug, es sich nicht anmerken zu lassen.*
*Andauernd bringt sie mich auf dumme Gedanken,*
*die sich als das beste herausstellen,*
*was ich jemals gedacht habe.*

*Ich höre ihr gerne zu, wenn sie mich aufklärt über*
*die vergiftete Aura der Lebensmittelindustrie,*
*das verschlungene Seelenleben ihrer Zimmerpflanzen,*
*die Hölle im Kopf ihrer Nachbarin.*
*Hingerissen fiebere ich mit in einem unergründlichen film noir,*
*zurückgelehnt in meinem Kinosessel,*
*aus sicherer Distanz mit einem Glas*
*trockenem Spätburgunder in der Hand.*
*Ich bewundere das kühle Kalkül ihrer Leidenschaft*
*und die heitere Gelassenheit, mit der sie sich aufregt.*

*Unsere Gespräche aber gestalten sich zunehmend schwierig:*
*Wenn sie vor mir steht und mich ansieht*
*mit ihren grünen Raubtieraugen*
*gibt es nichts Unbedeutenderes als sachliche Argumente*
*und nichts Abwegigeres als darauf einzugehen.*
*Schon ihre Lippen verweigern sich*
*vordergründigen Erklärungen,*
*blutrot und unwiderstehlich hingeküsst*
*appellieren sie an den internationalen Gleichklang der Herzen,*
*ein flammender Aufruf zur Weltrevolution der Sinnlichkeit,*
*ein glühendes Bekenntnis zur völkerverbindenden Unzucht,*
*halbgeöffnet für die Proklamation der Intimität...*
*dem ist eigentlich nichts mehr hinzuzufügen!*
*Vor allem aber: Ihre Stimme ist eindeutig nicht jugendfrei,*

die lästigsten Dinge klingen bei ihr
wie der Soundtrack zu einem selbstgedrehten hardcore-Porno,
Feudel wie „feuchte Träume",
Kehrschaufel wie „Nimm mich von hinten",
Staubsauger wie „Blas mir jetzt einen",
Abwasch wie „Leck mich am Arsch"...
Gar nicht davon zu reden,
wenn wir Gespräche führen über
die Wiedergeburt des Dadaismus,
die Nietzscherezeption im Frühwerk Gottfried Benns,
die unsterblichen songs von curt cobain -
ein einziges Wälzen in fremden Betten,
ein idealistisches Wühlen auf durchgelegenen Matzratzen,
ein lustvolles Versinken in horizontalen Phrasen,
ein rauschendes Fest unserer niederen Triebe.

Jetzt schweigen wir uns eben aus
zu den drängendsten erotischen Fragen unserer Zeit:
Die ejakulatio praecox der deutschen Nationalmannschaft
bei der Fußball-WM in Russland quittieren wir kopfschüttelnd.
Ein verzweifeltes Achselzucken nur noch
für den Ego-Fetischismus der europäischen Flüchtlingsdebatte.
Wir werfen uns vielsagende Blicke zu,
wenn notgeile Lobbyisten auf den Hinterbänken
des Bundestags kopulieren.
Die schamlos zur Schau gestellte zerebrale Impotenz
des amerikanischen Präsidenten* ist nicht mehr der Rede wert.
Selbst das heikelste Thema,
unsere atemraubende, sprachlose Liebe,
behandeln wir mit der allergrößten Verschwiegenheit.
Und irgendwann zwischendurch
in einer Schweigeminute lege ich dann
zärtlich meinen Finger auf ihre Lippen –

damit ist dann aber auch wirklich alles gesagt.

*Donald Trump

### Geflügeltes Wort (Juni)

*Schmetterlinge im Bauch,*
*als könnten wir leben nur*
*von Luft und Liebe.*

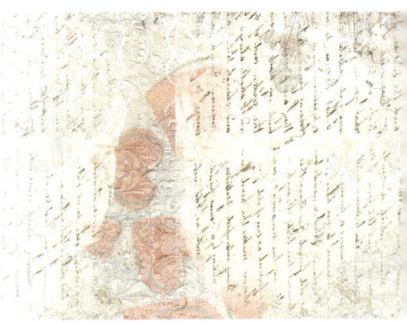

### Worte _____

*vorlaute Fast-Fragen,*
*verzogene Halbwahrheiten,*
*verspielte Möchtegern-Theorien,*
*unsere dreikäsehohen Verlautbarungen,*
*schlagen Purzelbäume im Kopf,*
*wenn du nicht nachdenkst,*
*drehen sich dir im Munde herum,*
*noch bevor du sie aussprichst,*
*machen sich ihren unsinnigen Reim auf alles,*
*was dir in den Sinn kommt,*
*kaum lässt du sie einen Augenblick aus den Augen,*
*schon hecken sie die lächerlichsten Anekdoten aus*
*oder führen sich auf*
*wie missverstandene expressionistische Dramen.*
*Manchmal schickst du sie nur mal eben*
*zum Wortspielen um die Ecke,*
*und sie kommen zurück, große Reden in Kinderschuhen,*
*mit einem ganzen Lehrbuch voller*
*bedeutungsloser Regeln und gebrochener Absprachen.*

*Süße missratene Absichten,*
*hoffnungsvolles Kleingedrucktes am Ende einer unleserlichen Seite,*
*schwer erziehbare Weisheiten,*
*unsere trotzigen kleinen Widersprüche,*
*liegen dir auf der Zunge wie ausgelutschte Erinnerungen,*
*lassen sich jeden popeligen Nebensatz aus der Nase ziehen,*
*zäh wie ein altgriechischer Grammatikkommentar,*
*sprechen scheinbar nie dieselbe Sprache wie du,*

*plappern dir alles nach und behaupten am Ende noch,*
*dass sie nichts weiter seien als wahrheitsgetreue Abbilder von dir.*
*Sprich sie dennoch aus mit Bedacht*
*und lass sie nicht achtlos und missgestimmt fallen,*
*auch wenn sie dir manchmal die Sprache verschlagen*
*mit ihren ungebetenen Kommentaren,*
*ihren verräterischen Versprechern und verstörenden Untertönen.*
*Behüte sie nur so gut es eben geht*
*vor der alltäglichen Diktatur vorgefasster Bilder*
*und vorgeschriebener Leben,*
*den eingängigen Parolen der Sprachlosigkeit,*
*der trostlosen Ideologie des Zweckmäßigen und Verwertbaren,*
*den grauen Theorien der Schulweisheit.*

*Und nimm von ihnen die erdrückende Bürde*
*des Mitteilen-Müssens,*
*die lästige Verpflichtung zur Sachlichkeit,*
*wenn du sie zu mir schickst*
*durch die sternenlose, verrauschte Whatsappnacht -*
*sie kommen sonst bei mir an grau*
*und heruntergekommen wie ausgerissene Kalendersprüche,*
*mit unterkühltem Tonfall,*
*ganz ausgehungert nach tieferem Sinn,*
*und ich brauche wieder Stunden und Tage,*
*um hinter all den bemühten Floskeln*
*und überanstrengten Wendungen*
*diese eine tief verborgene,*
*sehnlichst erwartete Botschaft zu entdecken,*
*die nur für mich bestimmt war:*
*der stille Silbermond auf deinen Lippen,*
*das flammende Abendrot deiner Haare,*
*der leuchtende Nachthimmel in deinen Augen,*
*wenn du mit mir sprichst.*

*Lass ihnen die Freiheit für sich selber zu sprechen,*
*nicht verstummte Kosmonauten zu sein*
*unserer unerfüllten Erwartungen,*
*aber setze ihnen die Grenzen*
*sich zu dem zu entwickeln, was sie immer schon waren,*

*Gesprächsembryonen aus einem früheren Leben,*
*zarte Andeutungen einer besseren Welt,*
*Herztöne aus den Tiefen des Weltalls.*
*Vertraue ihrem Sinn für wortwörtliche Schönheit,*
*der höheren Vernunft ihrer magischen Klänge,*
*ihrem untrüglichen Gespür für echte Gefühle,*
*ihrer unbändigen Lust auf Chaos und Schöpfung.*
*Sie werden ihren Ausdruck schon finden*
*irgendwo zwischen Hieroglyphen und tibetanischem Totenbuch.*
*Manche gehen einfach nur runter wie Öl,*
*einige bringen es bis zum postmodernen Roman,*
*und die besten unter ihnen gründen ein Universum*
*oder flüstern dir Dinge ins Ohr im Dunkeln,*
*die dich nicht schlafen lassen.*

*Darum, wenn du mich liebst,*
*beurteile meine Worte nicht nach dem, was sie sagen,*
*sondern nach dem, was sie sind,*
*(oder besser noch: was sie wären, wenn du sie aussprichst),*
*höre mich heraus aus meinen verschwiegenen Sätzen,*
*lies weiter, wenn mir die Worte fehlen,*
*all das Unstimmige, Verworfene, Abgründige*
*zwischen den Zeilen*
*- das ist es, was ich dir eigentlich sagen wollte.*
*Und nimm dir jetzt getrost auch*
*dieses letzte, vergebliche, sang- und klanglose Wort,*
*das mir so oft wertvoller war*
*als ein gutes Gespräch -*
*ich brauche es nicht mehr.*
*Aber warte damit noch einen Augenblick,*
*bis ich gegangen bin.*

*Worte.*
*Deine verführerisch hingehauchten Gedankensprünge,*
*meine verächtlich ausgespuckten Un-Taten,*
*all diese unausgesprochenen Gewohnheiten,*
*unsere falsch buchstabierten Schicksale.*

### Abend auf Koh Phangan (Juli)

*Überm Meer noch*
*die Glut der vergangenen Tage.*
*Auf deine dunklen Lider lege ich sanft*
*meinen Abendstern.*

## Tropische Fantasie ───────────

*Dein heißer Atem im Dunkeln,*
*deine blutige Fährte auf meiner Haut...*
*ich habe dir aufgelauert*
*auf deinen verschlungenen Dschungelpfaden,*
*den Köder ausgelegt*
*mit einem Stück vergifteter Unschuld*
*und dich im Netz*
*meiner abgründigen Leidenschaften gefangen.*
*Mein süßes Raubtier.*
*Jetzt liegst du vor mir,*
*in diesem Käfig aus Lust und Erniedrigung,*
*und ich will dich nehmen*
*mit der rohen, animalischen Gier des Jägers.*
*Aber wie schütze ich mich*
*vor deinen Krallen und Zähnen,*
*wenn du mir das Herz*
*herausreißen willst vor Hunger nach Liebe?*
*Wohin mit deinem peitschenden Raubtierschweif,*
*wenn ich dich erkenne in mir*
*im besinnungslosen Akt der Vernichtung,*
*wenn ich mich verliere in dir*
*in dieser einsamen, tropischen Nacht?*
*Wie kann ich wissen,*
*ob du liebst oder tötest?*
*Aber während all dieser Überlegungen*
*habe ich irgendwo meine Lust verloren.*
*Dann gehe ich doch lieber den unbequemeren Weg*
*und nehme dich einfach als eine Frau,*
*die ich liebe.*

## Sommertag (August)

*Die blasse Silhouette*
*des Mondes. Ohne dich bin ich nur*
*ein Schatten meiner selbst.*

## Hitzegedicht _____

*Du,*
*brauner Südseetraum,*
*entblättert unter Palmen*
*Eva kurz vor dem Sündenfall,*
*alle Listen der Verführung im Blick,*
*schreibst mir von tropischer Hitze,*
*glühende Tage, kaum noch erträgliche Schatten...*
*Wie gut, denke ich mir,*
*dass ich nicht auch noch mit dir bin:*
*Mein kühler Verstand setzt schon*
*beim Betrachten deiner Bilder aus,*
*meine schmutzigen Gedanken*
*werfen schon Blasen auf dem Papier,*
*und wonach mir jetzt eben wäre,*
*dich bedecken mit flammenden Küssen*
*und im feuchten Sand*
*zwischen deinen Schenkeln*
*mit dem Feuer zu spielen,*
*würde die Lage nicht wirklich verbessern.*
*Eine Weile müssen wir beide*
*wohl mit unserer Hitze noch leben,*
*du im fernen Paradies aufgeheizter Männerträume,*
*und ich in der ernüchternden Antarktis einer kalten Dusche.*

### Stundenplan _____

*Du bist mein erster Gedanke*
*am Morgen*
*und mein letzter Gedanke*
*in der Nacht,*
*und dazwischen lässt du mich*
*einfach keinen Augenblick mehr los.*

### Rilkes Lust (September)

*Letzter Rausch der Rosen. Tröstlich,*
*wie unsere Widersprüche sich auflösen*
*im Schlaf.*

## *Ein blaues Septembersonntagskinderlied* ⸺

*Ein Sonntag ohne dich*
*ist nur ein grell geschminkter Montag,*
*ein blauer Sommerhimmel ohne dich*
*ist ein umgekipptes einsames Meer,*
*eine Morgensonne ohne dich*
*ist ein entflohener Luftballon mit einem Kind*
*darunter, das weint,*
*eine weiße Wolke ohne dich*
*ist ein verwunschenes Schloss,*
*in dem der Regen wohnt,*
*die Amsel vor meinem Fenster -*
*wenn du weg bist, bricht sie andauernd Streit vom Zaun,*
*und gegenüber der Wind in den alten Kastanien*
*blättert lustlos in ihren Erinnerungen,*
*mein Herz ohne dich*
*ist ein Buch mit lauter herausgerissenen Seiten*
*und dazwischen klebt noch der Strohhalm*
*einer vertrockneten Sehnsucht.*

### Oktoberfest (Oktober)

*Wie aus einem vergangenen Jahrhundert*
*fallen die letzten Früchte des Sommers*
*unter den Tisch.*
*Behutsam sammeln wir sie auf*
*und essen uns an uns satt.*

## Madagaskar

Heute morgen
fand ich eine Muschel am Strand,
kühler, flammengezackter Stern des Meeres,
tief und unergründlich wie eine letzte Botschaft
des untergegangenen Atlantis,
unter Hunderten bedeutungsloser Muscheln
fand ich sie, die nichts an sich hatten
als den geborgten Glamour der Brandung
und den verführerischen Anschein
von weit her zu sein.
Und wie sie so da lag
mit ihrem sanft geschwungenen Perlmuttmund,
dem flirrenden Schleier von Gischt und Möwengeschrei,
ihr Innerstes glühend
in den dunklen Farben der Tiefsee,
wollte ich glauben,
dass sie nur für mich bestimmt war...
Aber als ich sie aufhob,
enthüllte der träge blinzelnde Tag
ein doppeltes Gesicht:
eines für den Mond und eines
für den Abgrund hinter den Sternen,
eines für die Sehnsucht und eines
für den Untergang,
einen kindlichen Blick ins Blaue gerichtet
und einen uralten Blick
nach innen gekehrt.
Und als ich in sie hineinhorchte,
war da kein tiefes, versunkenes Leben,
nur das unendliche Schweigen
einer eingeschlossenen Sekunde Ewigkeit -
von fern her der stampfende Atem des Meeres -
und dieses feine, mahlende Geräusch
wie ein einsames Kreisen um sich selbst.

Schwimm also zurück ins Meer,
unergründliche Muschel,
nimm deine Geheimnisse mit in die Tiefe,
und lass deinen Stern wieder aufgehen an anderen Ufern,
mir überlass den Untergang.

Kein schläfriger Gedanke
bewegte die Palmen,
kein geflüstertes Wort strich übers Meer,
da wehte aus heiterem Himmel -
ein kleiner, hoffnungsloser Seufzer des Nachmittags vielleicht -
ein Schmetterling auf meinen Arm.
Kaum wagte ich zu atmen,
so flüchtig seine Zeichnung,
so schwerelos sein Dasein,
so vergänglich mein Glück.
Ich sah ihn an, er aber
schien durch mich hindurchzusehen
in eine atemlose, unvorstellbare Ferne,
weit hinter allen Wahrnehmungen und hilflosen Bildern,
wo Licht wächst und wo Blütenträume reifen.
Der Sommertag ein Hauch nur
von Lavendel und Rosmarin,
die Luft ein silbernes, schwingendes Trapez,
ich selbst nur ein sonnenbeschienener Fleck
irgendwo am Rande eines flügelschwirrenden Universums.
Und als er mich endlich ansah,
schien eine Ahnung ihn zu durchzittern
von Nähe und Erstarrung,
und sein Wesen löste sich von seiner Form
und schwebte davon,
Schein ohne Schatten, Licht ohne Form,
Form ohne Tiefe.
Ihn festhalten zu wollen aber hieße,
seine Schönheit für immer zu zerstören.

*Flieg also unfassbarer Schmetterling,*
*hinauf ins Scheinbare, Schwingende, Bodenlose,*
*und nimm mit dir dein Leuchten,*
*deine Leichtigkeit, deine sanfte Berührung,*
*ich aber wollte nie etwas anderes*
*als diesen einen stillen,*
*sonnenbeschienenen Augenblick.*

### Erster Frost (November)

*Eisblume dunkelt,*
*du blühst, ich wachse an dir*
*alle Tage ans Licht.*

## Arosa

*Vor dem Kaminfeuer*
*(wenn auch nur einem künstlichen)*
*dieses Edelschuppens am nördlichsten*
*Ende aller Liebesgeschichten*
*kauerten wir in unseren dünnen Häuten*
*wie fremde, verirrte Tiere,*
*hereingeschneit mit einem Schwall*
*rauer Nordseeluft und einem ganzen*
*Winter voller erfrorener Hoffnungen,*
*schlürften aus gläsernen Händen*
*den dampfenden Tee von Ingwer und Zimt,*
*horchten auf das Murmeln der Barmusik*
*und die Dunkelheit hinter unseren Worten*
*und versuchten zu verstehen,*
*woher wir kamen.*

*Weit draußen in der Nacht*
*löschte jemand das Licht aus*
*in den Zimmern, in denen wir beide nie wohnten,*
*verbrannte eine alte Frau die Briefe,*
*die wir einander nie schrieben,*
*hielt ein zerbrochener Spiegel*
*noch ein schiefes Bild von uns fest,*
*schlug der Wind die letzten Türen hinter uns zu.*

*Vorsichtig, verloren und unwirklich*
*wie durch ein Schneetreiben stolperte*
*deine Stimme auf mich zu,*
*füllte tastend den Raum zwischen uns und dem Feuer*
*und warf ihre flackernden Schatten an die Wand,*
*überlebensgroße Geschichten,*
*scheue, aufgeschreckte Gespenster der Vergangenheit.*
*Der Kuss einer sternklaren Sommernacht,*
*in der die Erde sich um dich drehte,*
*der Rausch einer unsterblichen Liebe*
*und die Einsamkeit eines jahrelangen Abschieds,*
*der Schmerz und die Tränen des Glücks*

*bei der Geburt deines Sohnes,*
*die immer noch glühten und dunkelten in deinen Augen,*
*der kalte Hauch einer Kindheit,*
*der noch alle deine Worte durchwehte.*
*Dieses verlassene Kino der großen Gefühle,*
*das uns stumm und ratlos zurückließ,*
*alle Illusionen erledigt,*
*alle tragenden Rollen vergeben,*
*das Drehbuch geschrieben,*
*der Zauber verflogen,*
*als das Licht anging.*

*Weit draußen in der Nacht*
*trieb noch ein leckes Boot durch die See,*
*das ausgesandt war, uns zu holen,*
*lag ein Toter am Strand, graues Bündel*
*aus Sprachlosigkeit und ersoffenen Träumen,*
*erhellte kein Stern mehr den Himmel*
*über unseren Gesprächen,*
*schloss sich der Kreis um ein Leben,*
*das wir beide nie führten.*

*Was aber blieb uns zu tun?*
*Die letzte Glut (wenn auch nur eine künstliche)*
*zusammenzukratzen unter der Asche,*
*um uns noch zu wärmen, ein wenig,*
*zusammen allein, in unseren dünnen Häuten*
*in diesem langen, dunklen Winter der Erinnerungen.*

### Offenes Feld (Dezember)

*Kalter Stoppelwind weht,*
*ab morgen rücken wir noch*
*enger zusammen unter der Haut.*

## Teresa

An jenem Abend
im blauen Mond September
bei irgendeinem Italiener oder Griechen auf der Schanze,
da war es mir als hätte ich etwas wiedergefunden,
was ich seit langer Zeit nicht mehr vermisst hatte,
eine Art Pincode für ein gelingendes Leben,
eine verlegte Brille vielleicht für den Blick aufs Wesentliche,
ein zerrissenes Armband von unersetzlichen Augenblicken,
eine vergessene Gebrauchsanweisung für die tieferen Gefühle,
unterm Tisch die verwischte Kinderzeichnung
von einem verwunschenen Prinzen...
wo warst du nur in all den Jahren?
Wir sanken uns in die Augen
und erzählten uns unsere heißesten Küsse,
der Wein schmeckte nach vorgestern,
aber ihre Hand war ein sanftes, festes
Versprechen auf morgen, sie flüsterte mir ins Ohr,
und an allen Tischen verstummten die Gespräche:
So schön, dass wir beide noch träumen können, sagte sie
und: Wir dürfen nicht aufhören das Unmögliche zu wollen,
und ich sah in ihren Augen, dass sie es ernst meinte,
und dann begannen wir schon einmal das Mögliche zu tun:
Mit dem fettigen Kugelschreiber der Wirtin
unterzeichneten wir die Enteignung von Nestle und Monsanto,
ausgestrichen auf einem Bierdeckel
das obzöne EPA-Abkommen mit Afrika,
Und nach dem letzten Grappa endlich
sprengten wir auch das weiße Haus
und alle Donald Trumps der Welt in die Luft.
Und ich dachte zum ersten mal wieder für einen Augenblick,
dass man mit Liebe doch etwas erreichen könnte
und dass Träume vielleicht manchmal, ganz selten,
noch in Erfüllung gehen,
und dafür liebe ich sie.

Teresa postet auf Facebook,
jeden Morgen lese ich dort jetzt meine vertrautesten Gedanken,

34

*meine unbeantworteten Fragen,*
*meine unausgesprochenen Hoffnungen,*
*als postete sie direkt aus einer geheimen*
*Spionageabteilung in meinem Kopf,*
*sie teilt meine tiefsten Überzeugungen mit Freunden,*
*sie überrascht mich mit meinen eigenen Worten*
*und klaut meine besten Pointen,*
*ich lache mich schlapp über meine ältesten Witze,*
*und ich komme aus dem Staunen gar nicht mehr heraus,*
*wie schön sie ist,*
*meinen Leibphilosophen, Richard David Precht,*
*hat sie mir ausgespannt,*
*die besten Videos von Hagen Rether*
*aus meinem Gedächnis kopiert,*
*sie hört meine Musik und zitiert meine abonnierten*
*Lieblingsweisheiten des Dalai Lama,*
*und auch wenn ich das alles tief drinnen*
*schon einmal gedacht habe, was sie ausspricht,*
*so macht sie einen tieferen Menschen aus mir*
*mit jedem Tag,*
*und dafür liebe ich sie.*

*Teresa am Herd,*
*sie backt einen Kuchen für mich,*
*mit Äpfeln und Nüssen aus ihrem Gärtchen*
*und frei von den Zutaten der glyphosatgetränkten Felder,*
*den Gräuel der benachbarten Hühnerfarmen,*
*den dunklen Klagen aus den Laufställen des Rindermasthofs,*
*sie rührt einen Teig und rührt mit hinein*
*eine Prise Geduld, ihre honigfarbene Liebe*
*und die unverzichtbare Hoffnung*
*auf die wachsende Einsicht der Menschen,*
*sie stellt schon den Sekt kalt und entzündet eine Kerze im Fenster,*
*und ich suche nach immer neuen Gründen*
*nicht vorbeizukommen bei ihr, weil ich weiß*
*dass ich hoffnungslos verloren wäre*
*und nicht wieder gehen könnte,*
*ein Lager aufschlagen müsste zu ihren Füßen*
*wenn ich auch noch diesen Kuchen probieren würde,*

*und statt dessen stehe ich hier mit nichts im Magen*
*außer einem flügelschwirrenden Schwarm Schmetterlinge*
*in dieser Dönerbude am S-Bahnhof Stellingen,*
*draußen regnet es wie immer in Strömen,*
*und ich verbiete es mir kategorisch,*
*dieses Fleisch zu essen meiner Freunde und Schutzbefohlenen,*
*ein fleischloser Döner...unmöglich,*
*sagt der junge Türke und sieht mich an*
*wie einen aus allen Wolken gefallenen Alien.*
*Sie aber streicht mir sanft durchs Haar in Gedanken*
*und drückt mir einen Kuss auf die Wange,*
*und dafür liebe ich sie.*

*Teresa im Wald mit ihren Hunden,*
*sie spricht fließend die Sprache der Tiere und kann*
*in ihren wilden, zärtlichen Wolfsherzen lesen,*
*und sie erzählen ihr aufgeregt von der taufrischen Fährte*
*des Fuchses im Moos und den kryptischen Botschaften*
*der Farne und Flechten am Wegrand,*
*sie springt mit ihnen über Pfützen und Äste,*
*und sie fühlt wie sie, dass ich an sie denke,*
*Und dann lacht sie*
*und diese Lachen ist wie ein Zauberschlüssel,*
*der augenblicklich alle Käfigtüren aufspringen lässt*
*in allen Tierversuchslaboren und Zirkusmanegen der Welt,*
*und die Tiere laufen auseinander in alle Himmelsrichtungen,*
*in ihre entlegenen Steppen und unberührten Wälder*
*wie an einem neuen Schöpfungstag.*
*Und dafür liebe ich sie.*

*Und ich schreibe ein Liebesgedicht für sie,*
*so zart und weise und unvergänglich,*
*und gewinne damit den besten aller Best of Poetryslams,*
*und sie sitzt in der ersten Reihe,*
*und sie ist so tief berührt,*
*die Tränen laufen ihr übers Gesicht,*
*dass sie ihren Mann verlässt,*
*mit dem sie seit 17 Jahren zusammen war,*

*alle Freuden und Leiden teilend,*
*und sie zieht mit mir um die Welt von Insel zu Insel,*
*zwei ferne, lichte Kraniche im Wind,*
*unter einem unendlichen, sonnendurchsegelten Himmel,*
*und wir lieben uns unter Palmen im warmen Sand von Moorea*
*und sind wie die Wolken,*
*ganz weich und schwerelos und ungeheuer weit oben,*
*aber weil dies alles nicht sein wird,*
*weil sie dies alles nicht zulassen könnte,*
*weil sie lieber manchmal weinen würde*
*als zu verletzen,*
*deshalb liebe ich sie.*

## Abschiedsspielerei _____

*Ich wollte schon immer meinen eigenen Weg gehen,*
*aber der führte mich immer zu dir zurück.*

*Du hast mich vom ersten Augenblick an gefesselt -*
*mit deiner unbändigen Lust ungebunden zu sein,*
*also wollte ich mich enger und enger binden an dich,*
*bis ich mich nicht mehr*
*bewegen konnte.*

*Ich habe nicht erwogen, ich habe nicht berechnet,*
*was die anderen dachten, hat mich nicht interessiert,*
*bis ich bemerkte – erst erfreut, dann mit Schrecken -*
*dass ich nichts anderes mehr denken konnte*
*als dich.*

*Ich habe dich in verführerische Düfte gehüllt,*
*dir glitzernde Ringe aufgesteckt*
*und dir dann die feinsten Klamotten gekauft,*
*damit auch der hohlste Spiegel noch erkennt,*
*wie schön du doch bist,*
*nur mich habe ich in den Spiegeln*
*irgendwann einfach nicht mehr wiedererkannt.*

*Ich habe mein Leben lang auf dich gewartet,*
*jetzt läuft mir so langsam die Zeit davon,*
*dir kommt es auf jede Minute an,*
*wir haben beide keine Zeit zu verlieren,*
*deshalb fanden wir auch nie*
*den richtigen Augenblick.*

*Dich hat meine Nähe nicht mehr gehalten,*
*ich habe dich immer irgendwo anders gesucht.*
*Wir sind durch die südlichsten Länder gezogen,*
*wir haben die nächtlichsten Städte durchstreift,*
*aber irgendwo unterwegs haben wir uns*
*dann einfach aus den Augen verloren.*

*Du hast mir die köstlichsten Gerichte bereitet,*
*mit deinen schärfsten Zutaten, so wie ich es mag,*
*ich habe dich mit meinen Blicken verschlungen*
*und konnte mich doch nie satt sehen an dir,*
*aber wenn's dann ans Eingemachte ging, saß ich*
*doch immer wieder alleine am Tisch.*

*Du hast meine bequemen Puschen verbrannt.*
*Du hast mich gefordert und mir Beine gemacht,*
*ich wäre für dich auch über meinen Schatten gesprungen,*
*aber über deinen dazu – das war einfach zu viel.*

*Ich habe dich in meinen verschwiegenen Gedichten geliebt,*
*du hast mich mit deinen verträumten Liedern umschwirrt,*
*irgendwann haben wir verlernt zwischen den Zeilen zu lesen,*
*dann haben sich uns die Worte im Mund herumgedreht.*
*Von der Liebe habe ich nur noch für mich geschrieben,*
*aber da hast du schon nur noch dir selbst zugehört.*

*Jetzt will ich nur noch meiner Wege gehen*
*und will einmal sehen, wohin sie mich führen.*

# *Kuddl* ─────────────

*Altes Haus*
*unterm Sternenhimmel,*
*fast versunken, verschwiegen*
*hinter all den großspurigen Worten*
*und den knorrigen, mannshohen Gesten,*
*dem blühenden Unsinn des Lebens,*
*umrankt von wirren, verschlungenen Legenden,*
*wir selbst verwachsen, verwurzelt im Ungefähren.*
*Von hier zogen wir aus, um für immer zu bleiben.*

*Bleckende Risse, blätternder Putz,*
*bis zur Unkenntlichkeit verwitterte Fassade,*
*dahinter aber tiefe, erfüllte Räume,*
*tragende Ruhe, Licht.*
*Am Kleiderhaken hängt noch, zerzaust und verhagelt,*
*der Schatten eines vergangenen Jahrhunderts,*
*noch dampft unser Atem in den vergessenen Tassen,*
*die flüchtig hingekritzelte Notiz*
*auf dem Küchentisch erinnert bereits*
*an den bevorstehenden Umsturz aller Verhältnisse.*
*Überall noch die Spuren alltäglicher Verrichtung,*
*als hätten die Dinge ihr eigenes, unstetes Leben*
*weitergeführt auch ohne uns.*
*Von hier aus haben wir die Erde vermessen*
*in Wodkaumdrehungen und Hanfmeridianen,*
*dein sanftes Wort: das Maß aller Dinge,*
*in nächtelangen Gesprächen die Horizonte verschoben*
*bis weit über die Grenzen des Sichtbaren hinaus,*
*sind auf den morschen Planken unserer Bücher*
*über die Weltmeere geschippert, immer auf der Suche*
*nach dem unvergänglichen Rausch des Augenblicks,*
*dem freien Fall ins Unbekannte,*
*dem archimedischen Punkt außerhalb aller Erwartungen,*
*dem sagenumwobenen Seeweg nach Indien.*

*Von hier aus in alle Winde zerstreut*
*unsere hochfliegenden Pläne und fadenscheinigen Absichten,*

*die undurchsichtigen Landkarten durchkreuzt*
*von ausgetrockneten Flussläufen und stillgelegten Bahnlinien,*
*unsere Ziele zusammengeschrumpft auf ein karges Nachtmahl*
*im billigsten Motel der Stadt.*
*Wir wussten nicht viel*
*und glaubten noch weniger:*
*mein Kursbuch Hoffnung,*
*dein Kompass aus Mut und Vertrauen*
*und der geduldige Nordstern über uns.*
*Wir suchten im Inneren unserer Wüsten*
*und außerhalb, kehrten noch*
*die dunkelsten Abgründe nach oben,*
*durchquerten den Himmel landauf und landab,*
*um nichts zu übersehen,*
*aber einen Mittelpunkt fanden wir nicht.*
*Wir mussten endlich erkennen:*
*Auch auf dem Gipfel des Ararat*
*führen alle Wege nur abwärts.*

*Wir brauchten nicht viel, um uns zuhause zu fühlen:*
*ein paar dreckige, schrammelnde Bluesakkorde*
*in einem halbleeren, dämmernden Vorstadtzimmer,*
*einen verbeulten, löchrigen Schlafsack, noch warm*
*von den Sonnenuntergängen Australiens,*
*das tiefe Glucksen im Bauch einer Rotweinflasche,*
*wenn sie im Morgengrauen neben uns*
*müde die Augen aufschlägt*
*und manchmal den rauen, ungebärdigen Wind Neuseelands,*
*der wie ein vertrauter, entfesselter Spuk*
*über die Treppen und Flure huscht.*
*Aber dann waren wir eigentlich*
*auch schon wieder gegangen.*

*Ich sehe dir immer noch nach*
*auf deinem endlosen, hitzeflirrenden Highway nach Westen,*
*immer der untergehenden Sonne entgegen,*
*nie aufgegeben vor dem Wrack eines verrosteten Wassertanks,*
*nie ausgebrannt hinter dem Skelett*
*eines verlassenen Drugstores am Rande der Wüste,*

*während du längst wieder zurückgekehrt bist*
*unters Dach unseres Sternenhimmels,*
*an die Ufer der vergilbten Seekarten,*
*an diesen hölzernen, überbordenden Küchentisch,*
*an dem alles begann.*
*Wenn es Abend wird*
*stellst du deinen gepackten Koffer neben die Haustür,*
*und rufst deine Erinnerungen zurück*
*aus den entlegensten Winkeln der Erde*
*und schreibst sie zusammen zu Büchern*
*mit dunklen, unaussprechlichen Titeln.*
*Du zündest ein Feuer an im Kamin*
*mit dem blakenden Span deiner Träume,*
*das noch leuchtet und wärmt*
*bis in die Jurten der Hirten am Hindukusch,*
*wenn wir selbst, diese Worte, dieses Haus*
*lange versunken und vergessen sind.*

*Deine Fenster aber, halbblind vom Grau des Alltags,*
*starren noch immer unverwandt in die Ferne.*
*Nachts steht deine Tür immer offen,*
*sommers wie winters,*
*dieses tiefe, warme Licht*
*fällt durch einen Spalt*
*auch auf mich.*

## Marquis ――――――――

*(Unachtsame Zeitgenossen werden sich stoßen*
*an deinen Ecken und Kanten,*
*Ungeduldige sich verletzen*
*an der scharfen Klinge deines Verstandes,*
*oder stolpern*
*über die knorrigen Wurzeln deines Schweigens...*
*und hinwegsehen*
*über die feinen, verrätselten Maserungen im Holz,*
*die eine andere Geschichte erzählen.)*

*Grober Klotz,*
*dir blüht noch kein Keil,*
*stehst da vor diesem windschiefen, fadenscheinigen Horizont*
*wie eine gewachsene, natürliche Wahrheit,*
*gegen die sich nichts Sinnvolles einwenden lässt.*
*aus jenem zähen, unnachgiebigen Holz gemacht,*
*aus dem große Entdecker und Kosmonauten sind.*
*Unbewegt über den Dingen,*
*die sich zu verändern scheinen auch ohne dich,*
*unbeirrt in der Absicht, ganz aufzugehen*
*im trüben, unerkennbaren Ziel der Landschaft,*
*Unentwegt gräbst du dich tiefer ein*
*in dein dunkles, erdiges Dasein,*
*aus deinen Wipfeln lösen sich schon*
*die schrillen Farben der Fantasievögel*
*und lassen dich grau und sprachlos zurück,*
*mit jedem Tag zeichnest du jetzt die Welt*
*als einen unbestimmteren Fleck.*
*Aber die Menschen suchen noch deinen Schatten,*
*aus deiner Hand wächst ein Stuhl, aus dem Stuhl*
*ein Tisch, aus dem Tisch ein Holzhaus,*
*in dem du ans Fenster trittst und dir ausmalst,*
*was hätte sein können ganz ohne dies:*
*deinen Stuhl, deinen Tisch, dein Haus...*
*Holz, das atmet und lebt,*
*einzig dem Licht verpflichtet,*
*zottiges Reittier den ziehenden Wolken,*

*über dir nur der gestirnte Himmel der Unvernunft,*
*fremde, dunkelnde Schriftzeichen unter der Rinde*
*deuten noch an, was möglich war.*

*Aber das Unscheinbare verblasst,*
*der Herbstwind führt eine schneidige Axt,*
*und du bist immer noch da,*
*unverbogen gebeugt, globiger Widerspruch in sich,*
*schälst dich heraus noch aus allen*
*welken Erwartungen und abgestorbenen Absichten,*
*schwimmst noch in keinem schimmernden Strom mit,*
*siehst noch den Wald hinter all den Bäumen,*
*schließt noch die Wärme so vieler Sommer*
*in dir ein, riechst nach Harz.*
*Dein trockener Humor brennt wie Zunder,*
*Jahre später zünden wir uns*
*noch ein Streichholz daran an in der Nacht,*
*uns zu erkennen und zu wärmen*
*in dieser kälter werdenden Zeit.*

## *Bowie* _____

*Was du eigentlich wolltest,*
*stand in den Sternen. Aber das*
*war auch nicht wichtig, was zählte*
*war der wirre, verschlungene Funkenflug unserer Stimmen,*
*die den nächtlichen Himmel durchkreuzten,*
*eine Zeit lang noch*
*über allen Dächern funkelten*
*und dann im Orbit meines halbdunklen Wohnzimmers verglühten,*
*der blasse Geistesblitz eines Kalauers,*
*der noch so manchen unserer düsteren Tagträume erhellte,*
*der kosmische Tiefschlaf der Uhren.*

*Mein vibrierendes Smartphone kurz nach Mitternacht,*
*wie ein schwaches, verzweifeltes Morsezeichen*
*aus dem versunkenen Maschinenraum des Weltalls,*
*ein unbeholfenes Kratzen am Sargdeckel verdrängter Erinnerungen,*
*Hells bells der unbelehrbaren Träumer,*
*apokalyptische Zimbeln vor unserem jüngsten Gericht.*
*Diese unheimliche, knisternde Stille*
*im unendlichen Raum der Erwartungen,*
*schwarzes Loch der verschwundenen Worte,*
*eine langsam implodierende Supernova*
*der Sprachlosigkeit, wenn ich abnahm.*
*Für einen Augenblick schien es*
*als schwebten wir in einem havarierten Raumschiff*
*schwerelos durch Raum und Zeit,*
*abgeschnitten von jeder Verbindung zur Menschheit,*
*auf einer hoffnungslosen Mission ohne Wiederkehr,*
*als hinge der ganze taumelnde Kosmos*
*am Tropf einer einzigen mutlos hingehauchten Bemerkung.*

*Dann endlich vom anderen Ende der Ewigkeit:*
*Dein dunkles, verschwörerisches Raunen,*
*blindes, halsbrecherisches Tasten im toten Winkel der Zeit,*
*ein atemloses, sich überschlagendes Gurgeln der Erleichterung,*
*dass die Erde noch immer bewohnt ist.*
*Lichtjahre entfernt der dumpfe Aufschlag meines Grinsens,*

*mein am Lachen zerbröselter Widerstand...*
*Und schließlich zogen wir los*
*um die windigsten Ecken der Nacht,*
*feierten wie bare Münze jede abstruse Verschwörungstheorie,*
*über die wir stolperten, und jeden blanken Zynismus*
*auf unserem mondbeschienenen Weg zur Vollendung.*
*In den übelsten Spelunken östlich des Mississippis*
*füllten wir uns ab mit dem Fusel revolutionärer Emphase,*
*berauschten uns selbst am Klang unserer hochprozentigen Phrasen,*
*spotteten jeder neoliberalen Beschreibung.*
*Auf einer schrägen, abgefahrenen Metapher*
*schlitterten wir über die menschenleeren Straßen der Stadt,*
*sprühten unsere romantischen Hassparolen*
*an die nächtlichen Fassaden der Cargills, Nestles und Monsantos,*
*zerrten noch jede verschwiegene Leiche*
*aus den Kellern der Mächtigen und Entbehrlichen,*
*lehrten die wohlgefällige Sprache selbst noch das Fürchten.*
*Zuletzt brachen wir ein in die verdunkelten Seelen unserer Freunde*
*und Nachbarn, durchwühlten noch die untersten Schubladen*
*nach hilflos verborgenen Anomalien und Ängsten,*
*dem Silberzeug des alltäglichen Wahnsinns,*
*rafften zusammen, was uns noch gehässiger*
*Erwähnungen wert schien und überließen den Rest*
*den zähnefletschenden Alpträumen im Morgengrauen.*
*Wir, erleuchtete Geisterfahrer*
*durch die Labyrinthe des philosophischen Lexikons,*
*fanatische Traumtänzer auf den verwaisten Bühnen der Bundesliga,*
*in hellen Vollmondnächten*
*(aber über unseren Worten ging immer der Mond auf!)*
*reißende Werwölfe anarchischer Endzeitvisionen,*
*und immer erhabene Schlafwandler*
*über den tickenden Uhrwerken der Vergänglichkeit.*

*Geheiligt werde die Nachtruhe,*
*salbadern die Scheinheiligen und Vergeistigten,*
*und verschließen beunruhigt die Augen*
*vor dem unüberschaubaren Elend der Welt.*
*Reine Zeitverschwendung,*
*murmelt der Chor der notorischen Schläfer,*

anzureden gegen den feixenden Totentanz
politischer Schnarchnasen, die letzten Zuckungen
der schweigenden Mehrheit,
einen weiteren müde anbrechenden Tag.

Ich aber weiß: unsere Gespräche
waren das beste,
was ich mit meiner Zeit anfangen konnte,
vielleicht auch das tiefste und dunkelste,
aber auf jeden Fall das längste.
Wie gut, dass wir auch darüber
einmal gesprochen haben.

## *Tilly oder der Weg des Lachens* ───────────

*Dein Lachen war lange schon vor dir da,*
*füllte den Raum mit dem Anflug unwiderstehlichen Unsinns,*
*schüttelte den Staub aus den grauen,*
*abgetragenen Kopfklamotten,*
*machte aus jeder Mücke einen tanzenden Elefanten,*
*nahm von den Dingen ihre alltägliche Schwere*
*und ließ aufleuchten, was übrig blieb -*
*ihr innerstes Wesen aus Spiel und Bewegung.*
*In deiner Gegenwart schien zu schweben,*
*was uns sonst wirklichkeitsschwer vor die Füße fiel,*
*unsere zerplatzten Träume als Seifenblasen.*
*Natürlich führten wir ernste Gespräche,*
*aber dein Ernst war immer nur die halbe Wahrheit*
*und dein Witz auch geteiltes Leid.*
*Lange habe ich geglaubt,*
*dass dein Lachen doch nur Verweigerung sei,*
*ein Ausweichen vor zu viel Nähe und Bedeutung,*
*erst spät verstand ich, dass es nur eine andere Form*
*der Empörung war und des Mitgefühls,*
*eine, vielleicht die einzige Möglichkeit zu widerstehen.*
*Bis hierhin war es nur leichte Begleitung,*
*von da an wurde es tiefe Verbindung.*

*Dein heiterer Friedhof unterirdischer Phrasen,*
*die blanken Sargnägel deiner Zynismen,*
*schräge Schmonzetten mit traurigen Clownsgesichtern,*
*Lämmchenbilder mit rabenschwarzen Rändern...*
*deine Pointen – durchgeknallt, ansatzlos,*
*aus fließender Bewegung heraus geschlagen*
*wie Peitschenhiebe über den Köpfen*
*einer tumben, gleichgültig dahinschlurfenden Menschheit,*
*die mich immer wieder überzeugen,*
*dass Lachen der Weg ist.*

## *Taylor* _____

*Uns trennen Welten (Von den drei Ozeanen*
*zwischen uns ganz zu schweigen).*
*Du liebst die nackte Erde und die Ferne,*
*die kein Ende nimmt,*
*in all deinen Gedanken dampfen die Regenwälder*
*und die Wolken ziehen über verbrannte, schattenlose*
*Erinnerungen, die wirren Spuren der Dingos,*
*das Lachen der Kookaburras,*
*der rote Mond der Loris folgen dir bis in den Schlaf.*
*In der Dämmerung teilst du dein Brot mit den Schlangen*
*und siehst den Skorpionen zu, wie sie ums Feuer tanzen,*
*der letzte Schluck Whisky gehört immer den Würmern.*
*Am Morgen reibst du dir den Staub der Sterne aus den*
*Augen, du sattelst den alten Chevy,*
*du verwischst deine Spuren,*
*du streichst deinen Namen aus, änderst die Routen,*
*du lässt alles zurück, was immer schon feststand,*
*für den Ritt durch die glühenden Wüsten*
*in deinem Inneren, ferner und immer ferner,*
*auf der Suche nach dem sagenumwobenen,*
*unberührten Rest deines Lebens,*
*während ich über meine Schriften und Bücher gebeugt*
*noch immer die Wirklichkeit suche*

*hinter all diesen Wörtern,*
*die unförmigsten Sätze drehe und wende*
*nach etwas aufgescheuchtem, wimmelndem Leben unter ihnen,*
*die Tage verschlingen mich mit nutzlosem Lesen*
*und dem Betrachten der gleichgültig dahinfließenden Zeit,*
*ich rede nur noch in Rätseln,*
*weil ich allem Offensichtlichen misstraue…*
*So treiben wir weiter und weiter auseinander,*
*die Quellen versiegen, die Flüsse werden zu*
*ausgetrockneten Rinnsalen,*
*während unsere Gedanken sich weiterdrehen*
*um diese ungeheure, brüchige Achse:*
*was bleibt?*

*Aber manchmal an warmen Sommerabenden,*
*wenn ich wieder einmal ganz still,*
*ohne Erwartungen durch meine Erinnerungen streife,*
*tritt plötzlich aus dem Dunkel all der*
*unausgesprochenen Worte und unerfüllten Verheißungen*
*eine weiße Antilope und sieht mich ernst und fragend an,*
*kaum dass ich zu denken wage, um sie nicht zu erschrecken,*
*und dann falte ich ganz vorsichtig eine herausgerissene Seite*
*aus dem letzten Gedichtband Georg Trakls*
*zu einem Papierflieger, den lasse ich fliegen bis zu dir,*
*ich sehe ihm eine Weile hinterher,*
*du drehst dich um und lachst*
*und hebst  den Daumen zum Zeichen der glücklichen Landung,*
*und dann heben wir beide die Gläser*
*und trinken auf unsere Sommerabendnähe*
*inmitten eines Ozeans*
*aus uferloser Fremde und Sprachlosigkeit.*

# Kurt _____

In der Geschäftsstelle der badischen Zeitung
am Martinstor hoppelt ein Kaninchen
über die Schreibmaschinen und Aktenablagen,
ein schwarzweißes Kaninchen, das eben
noch der tiefe Traum eines Zylinders war,
der herumgereicht wurde zur Vergewisserung
seines Hutseins, das eben noch nur
der Anflug eines Gedankens
auf der Stirn eines Zauberers war.
Der teilt mit vagen, unscheinbaren Gebärden
den schweren Vorhang der Lüfte
und zerrt hervor ein flüchtiges Abbild
der Dinge, ihr Wesen aus Licht und Bewegung,
verblasste Erinnerungen an eine
unsichtbare Welt.
Für einen Augenblick scheint er zu schweben
über dem blanken Boden der Tatsachen
und den toten Winkeln des Raumes,
ein Skatblatt segelt durchs offene Fenster
ins Freie, aus blühendem Unsinn
erwachsen ein Plastikblumenstrauß für die Damen,
dann scheucht er das Kaninchen in seine
zylindrische Urform zurück,
verbeugt sich vor den Scharen geduldiger Zeitungen
und lächelnder Hochglanzbroschüren,
den geschwätzigen Telefonen
und versinkt in der Höhle seines verknitterten Anzugs
hinter dem Schreibtisch, die dunkle Hornbrille
über die Nase geschoben und sortiert
die abgehefteten Annoncen und Kleinanzeigen
für die Sonntagsbeilage.

Am Wochenende tingelte er über die Dörfer
mit seinem Koffer voller Schatten
und täuschender Ähnlichkeiten.
Im Dunst der Bierzelte die brennenden
Lunten der Luft, ein johlender Abklatsch

*von faustdicken Lügen, im murmelnden*
*Halbdunkel katholischer Gemeindehäuser*
*eine Andacht der leeren Versprechungen.*
*Er kannte sie alle, die Abgründe*
*hinter den Bühnen, die nutzlosen*
*Geheimnisse der Schankstuben und Hinterzimmer,*
*die staubigen Wunder der Landstraßen,*
*die Schleichwege aus der Wirklichkeit.*

*Auf Kreuzfahrtschiffen ließ er*
*die Sonne verschwinden*
*hinter glutroten Cocktailgläsern*
*und die Sterne aufgehen*
*über wogenden Abendkleidern*
*und den dunklen Segeln der Smokings,*
*manchmal sprang sein Lachen*
*wie ein Delphin aus der Menge*
*oder er schwamm besinnungslos*
*auf dem tiefen, brandenden, uferlosen Erstaunen.*
*In seiner Kabine aber*
*schlug er den Kopf gegen die Wände,*
*und der schwere Herzschlag des Schiffs*
*dröhnte durch einen verzweifelten Traum.*
*Er sammelte Postkarten, die er nie schrieb.*

*Das war vor vielen Jahren,*
*die eben noch kindliche Vorfreude waren*
*auf das Rumpeln und Röhren seiner Horex*
*übers Kopfsteinpflaster die Straße herauf,*
*den Duft von warmen Laugenbrezeln*
*und badischem Wurstsalat, den er*
*wie einen Geist in der Flasche*
*in seinem Rucksack hereintrug,*
*den bittersüßen Geschmack von Bierschaum*
*auf den Lippen, wenn wir nippen durften*
*an den unergründlichen Erkenntnissen der Alten.*
*Stecknadelstille, wenn er sein Holzbein*
*abschnallte vor unseren erstarrten Augen*

und die Geschichte erzählte
von der Tellermine,
die ihn verschlingen wollte mit Haut und Haaren,
er aber hatte Macht über
die feuerspeienden Drachen des Krieges,
nur ein Bein musste er lassen
im Sand der Wüste vor Tobruk,
als Hungerlohn für die wandernden Dünen.
Wir wussten schon, dass nichts war wie es schien,
aber wir liebten den düsteren Anschein von Wahrheit,
die verschwiegenen Schlupflöcher der Worte,
die trügerische Stille zwischen den Sätzen,
wenn er sprach.

Dann noch mal viel später beim letzten Besuch,
als alle böhmischen Dörfer verlassen
und die Kartenhäuser lange schon leer standen,
einbeinig, einsilbig, dünnhäutig, versunken
im Rollstuhl im leergefegten
Speisesaal eines Altenheims
kaute er mürrisch die Krumen vergangener Zeiten...
du wirst unsichtbar, wenn du alt bist,
ganz ohne Zauber... fast verschluckte
er sich an den Worten, den bitteren Pillen,
dem billigen Trost... und jetzt entschuldigt mich,
sie zeigen einen Film... ohne Namen...
irgendetwas mit Schnee und Kilimandscharo...
Die Pflegerin schob ihn vor sich her
durch neongekachelte Flure
in irgendein namenloses, dröhnendes Dunkel,
kein Vorhang verwehte, kein doppelter Boden,
kein Ass mehr im Ärmel, kein Blatt vor dem Mund,
nur einfach noch weg von hier.

## Hermann ─────────────

*Wir sahen die versteinerten Blicke der Alten im Stadtpark,*
*wenn sie vorbeischlurften an den blonden Besatzerbräuten*
*und ihren dunkelhäutigen Kindern,*
*wir sahen die Zigaretten glimmen*
*im Halbdunkel der Toreinfahrt, die Flachmänner kreisen*
*der Halbstarken, johlend, mit wilden,*
*ungezügelten Gebärden den Mädchen hinterher*
*in ihren leichten Sommerkleidern,*
*sahen sie ihre Kaugummis ausspucken*
*in die Hüte der kauernden Bettler am Marktplatz*
*und urinieren in die Hausflure*
*der französischen Besatzungssoldaten,*
*wir sahen in der dämmernden Sakristei den Pfarrer,*
*die Hand in der Hose des jungen Ministranten,*
*die Mutter am Küchenfußboden auf Knien*
*die Scherben aufsammeln einer verwüsteten Nacht,*
*die vergossenen Tränen,*
*die zerschlagenen Hoffnungen einer betrogenen Generation,*
*wir sahen auf überlebensgroßen Plakaten*
*die Cowboys sitzen am Lagerfeuer,*
*am Horizont noch flackern die letzte Glut*
*der westlichen Sonne, im wilden*
*Apachenland lachend und rauchend,*
*rauchend bis zum letzten Atemzug.*

*Wir gewöhnten unsere Augen*
*an den Pulverdampf der amerikanischen*
*Vorabendserien, die blau schimmernde,*
*unerreichbare Ferne der Helden,*
*den blassen Dunst eines tieferen Lebens,*
*wenn wir ganz nahe heranrückten, erkannten wir*
*eben noch das kurze Aufleuchten im Auge*
*des Sheriffs, bevor er abdrückte.*
*Noch immer tränten die Augen*
*vor soviel Rausch und blinder Gefolgschaft,*

wenn wir aufbrachen zum Sonntagsausflug
ins verhasste Blaue, in trostlose Gebirge
aus Ziegen und Gräsern, aus Flechten und ziehenden Wolken,
wo die Zeit erstarrt war in dunklen, modernden Weihern.
Und immer hofften wir, dass er nicht
mit im Bild sein würde dieses eine Mal
oder dass wir ihn einfach übersehen könnten,
aber das geschah nie,
und er zog unsere Blicke auf sich
wie ein eiternder, ansteckender Ausschlag,
wenn er neben uns herstapfte die endlosen
Pfade, die steinigen Hänge hinauf,
die verwachsene Hüfte wie ein störrisches Tier
mit sich zerrend, die Augen überschattet
von wuchernden Brauen,
unter verwitterter Baskenmütze dieses Ohr,
eine vertrocknete Pflaume weggeworfen
am Wegrand eines kargen, kantigen Gesichts,
keuchend und murmelnd verirrt
von Gottes vollendeter Schöpfung,
und dann ein jähes, aufbäumendes Lachen
wie das Wiehern eines erschreckten Pferdes,
das uns immer wieder wie eine
unvermutete, unverdiente Ohrfeige traf.
Dieser fremde, unheimliche Wegbegleiter,
der unser Onkel war.

Wenn er oben im Almgras sitzend,
den blank polierten Apfel mit uns teilen wollte,
den Riegel Bitterschokolade,
den wir nie annehmen konnten,
weil der verborgene Fluch seiner Hände
noch an ihm haften musste,
so richteten wir unsere Blicke
in eine unbestimmte, erträumte Ferne
oder vergruben unsere Augen
in der Dämmerung unserer geballten Fäuste.
Diese blinzelnden Kinderaugen,

*noch verschlossen für die sanfteren Spiegelungen des Lichts,*
*schon verbraucht von den Anstrengungen der Verachtung,*
*diese stumpfen Messer im Kopf,*
*die schon verletzen konnten,*
*bevor sie sich schärften für die Lügen des Sichtbaren,*
*das starrende Elend hinter den Augen,*
*die tieferen Schnitte unter die Haut,*
*diese Augen, die müde waren*
*vom kalten Blick in die Gewehrläufe der Wirklichkeit,*
*unsere Schießscharten aus einer belagerten*
*Festung voller waffenstarrender Worte und gepanzerter Bilder.*
*Tote Netzhäute, gespannt über einen Abgrund*
*aus Scham und Verblendung.*

*So blieben wir Feinde im eigenen Kopf,*
*wir sahen nicht, wie er oft lange noch am offenen Fenster saß,*
*wenn es Abend wurde und leise Briefe vorlas seiner Frau,*
*die gestorben war schon vor vielen Jahren,*
*wie er zärtlich übers Papier strich,*
*wenn er die alten, zerlesenen Gedichtbände*
*zur Hand nahm von Eichendorff, Novalis und Hölderlin,*
*wie er oft nächtelang an unseren Betten*
*saß, wenn wir glühend vor Fieber*
*wüste Träume wälzten wie Felsbrocken,*
*das kühlende Tuch auf unsere Stirnen gedrückt,*
*und Wundergeschichten erzählte von Heiligen*
*und Märchen von Feen und sprechenden Tieren,*
*wie er in kalten Winternächten*
*die Nachtlager der Obdachlosen aufsuchte,*
*in Hinterhöfen, unter den dampfenden Brücken*
*und Decken verteilte und heißen Tee*
*und Futter für die frierenden Hunde,*
*wir sahen auch nicht, wie er manchmal innehielt beim Gehen*
*und lauschte dem flirrenden Kanon*
*der Mücken und Käfer und mitsummte*
*den schwermütigen Choral der dunklen, rauschenden Wälder.*
*All das sahen wir nicht und werden es auch nicht mehr sehen,*

*jetzt da er erblindet in seinem grauen,*
*verblichenen Lehnstuhl sitzt und mit leiser,*
*stockender Stimme spricht*
*von den sonnengezackten Berggipfeln*
*und den warmen, von allen Wundern der Erde blühenden*
*und einem ganzen Kräuterhimmel überwölbten*
*Almwiesen im Sommer.*

## Walter

In meiner Erinnerung
staubt noch ein glühender Sommer,
hinter der Windschutzscheibe klebt
noch immer ein toter Kohlweißling,
und es glimmen noch kleine Löwenzahnfackeln
über dem schwelenden Asphalt.
Stumpfsinnig tritt der Mittag
auf der Stelle. Da tritt
aus dem brütenden Schatten
dieser speckige, abgetragene Anzug,
nur für Kinderaugen sichtbar die Sekunde
eines braunen Pistolenhalfters unterm Jackett,
und wischt mit dem Ärmel vorsichtig
über den gleißenden Kotflügel,
in dem der Himmel sich spiegelt, unendlich leer.
Ford Taunus, türkisfarben, Weißwandreifen,
die sangen nachts über den verlassenen Straßen.
Jetzt horcht er hinein
mit hohlen,schwitzenden Händen
in die Träume der Ventile und rußigen Kerzen,
der Eisenblöcke und verkuppelten Gänge.
Unter der Motorhaube tickt noch
die Uhr eines anderen Lebens.
Schwerer Siegelring sichert den Tatort,
Zigarre kreist die üblichen Verdächtigen ein.
Als er die Fahrertür öffnet
schwappt heraus der verbrauchte Atem
von Lederschweiß, Ölspur und ungeklärten Verbrechen.

Mein Onkel war bei der Kripo,
was immer das hieß in Zeiten,
in denen das Gute noch siegte.
Er kam und ging wie ein Geist
und hinterließ einen Luftzug
von durchsichtigen Lügen
und fadenscheinigen Versprechen,
selten Gespräche dunkel

wie ein eingetrockneter Blutfleck.
Auch Tante Liesl kannte kaum mehr von ihm
als den kalten Rauch in den Vorhängen
und das verblasste Hochzeitsbild
auf der Fernsehtruhe, darunter schon
mittags die Cowboys unerbittlich hetzten
hinter fliehenden Indianern in flimmernder Hitze
am Fuß der blauen Berge, ihre grellen Schreie
schepperten in Glasvitrine und Vertiko,
und ihre Kugeln schlugen noch
durch die geschlossenen Fensterläden
zischend im Vorgarten ein.
Die Tante aber versöhnte die Feinde
mit Eierlikör und Piccolos,
und sie grölte auf dem Küchenfußboden
das Lied von einem Tag, der kein Ende nahm.

Wenn mein Onkel wieder auftauchte nach Tagen
mit roten Kaninchenaugen, die rauchige
Schlange der Nacht noch aus dem Halse hängend,
versammelt die Kinder um seinen angststarrenden Anzug,
dann kramte er in seinen Taschen
nach den Resten einer schaurigen Mahlzeit
und stopfte mit blankem Entsetzen die staunenden Mäuler.
Der Gaul eines Bierkutschers vom Blitz erschlagen
auf offener Straße, ein Kindesverführer
gestellt mit entblößtem Geschlecht,
ein Haus voller toter Ratten,
abgefressen die Fingerkuppen dem Baby
bis auf die Knöchel,
aber offen schlägt das Herz des Bösen,
wo von nächtlichen Feuern zerlumpte Lieder aufsteigen,
braune Kinder die Felder durchstreifen
und fremde Wäsche über der Leine hängt,
das Zigeunerlager am Mooswald.
Seine Geschichten waren Geisterfahrten
durch eine erfundene Stadt,
er blies sie uns ins Gesicht
in einer Wolke aus Verzweiflung
und bitterem Tabak,
wir verstanden sie nicht,
aber sie leuchteten im Kinderzimmer
am Abend, bevor wir einschliefen.

Dann überschlug er sich, Dienst oder Schnaps,
nach wilder Verfolgungsjagd durch St.Georgen
mit flüchtigen Hehlern am helllichten Tag,
und mit ihm überschlugen sich
alle nächtlichen Rätsel,
seine verqualmten Geheimnisse,
die Uhr der türkisblauen Zeiten...
noch eine Weile drehten die Räder
sich am Firmament, die Weltkugel
aber fand sich unter einem staubigen Holunderbusch.
Auf seiner Beerdigung wusste niemand mehr, wer er war.

Der Hauptkommissar las ein paar
spurlose Worte vom Blatt,
Ich hat` einen Kameraden, so versank
der Polizeichor in einem Himmel
wie ausgestorben, und der heiße Wind
grub ausgetrocknete Rinnsale
in die Gesichter der Trauernden.
Pflichtgetreu bis zum Ende
leuchtete der Sommer in seinen verwelkteren Farben.
Am Abend, als die ersten Tropfen fielen,
war er fast schon vergessen.

In meiner Erinnerung
war mein Onkel immer in Gefahr,
verfolgt vom Blei der einsamen Nächte,
erpresst von entflohenen Träumen,
auf frischer Tat ertappt die Macht der Gewohnheit,
das Messer des Augenblicks an der Kehle,
streicht er sich noch hastig Pomade ins Haar ,
stopft in die rissige Ledertasche
mit Verhörprotokollen umwickelt die Butterbrote,
die Äpfel mit madigen Stellen,
er dreht sich immer noch um im Gehen,
lächelnd mit unergründlichem Ernst,
die Finger auf die Lippen gepresst,
das Stillschweigen gebietend
den Mitwissern und Erfüllungsgehilfen
des alltäglichen Grauens.
Für immer verschwunden
unter der schlappen Hutkrempe bleibt ein Gesicht.
Seine Zigarre hängt noch
im stillen, abgedunkelten Raum
wie ein brennender Zeppelin,
während unter den Rädern der Kies knirscht,
wenn dieses verfluchte, angehimmelte, augustheiße Auto
langsam die Auffahrt herunter
und aus meiner Erinnerung hinausrollt.

## Lulu _____

Gott liebt die Verrückten, sagen die Leute,
wenn die Alte auf ihrem klapprigen Fahrrad,
umweht vom Banner ihrer schlohweißen Haare,
die Federboa, die bunten, verschlungenen Bänder,
die unsterblichen Amulette der Liebe flirten im Fahrtwind,
ihr Lächeln durch die Stadt fährt,
als gelte es einer göttlichen Berufung zu folgen,
als könnte sie Tote und schlafende Hunde
erwecken mit diesem Lächeln, so rein
und tief und unberührt, wie aus einem klaren Quell
im innersten Grund der Erde heraufgeholt,
ein Lächeln, das keine Fragen und keine Bedingungen stellt
und alle Antworten einschließt,
das die letzten Zweifel beseitigt
und Dasein zu einer Tugend macht.
Hoch aufgerichtet thront sie in den Pedalen,
als wollte sie direkt in den Himmel auffahren
oder Gnade walten lassen mit den unwissenden Gaffern,
den Sklaven des Alltags, den geschäftigen Narren.
Die nackten Füße in groben Sandalen,
perlenbestickte Weste, verblasster Purpur
der Pluderhose träumt noch von Woodstock,
doch durch ihr Gesicht ziehen sich die alten
Pilgerstraßen von Damaskus bis Goa,
die edlen Furchen von Stolz und Entbehrung,
die blassen Narben der Kreuzzüge und Hexenverbrennungen,
so segnet sie sanft die starrenden Schaufensterauslagen
den ungeduldigen Autokorso,
das dunkel murmelnde Kopfsteinpflaster,
so hält sie Hof auf ihrem Thron aus Rost und Blech,
im Schlepptau tausend ungläubige Mienen.

Einmal am Tag fährt sie zum Münster,
flattert mit bunten, bebenden Flügeln
durchs dunkle Mittelschiff bis vor den Hochaltar,
dort wo ein mildes, ewiges Licht fließt
durch Mauerscharten und matte Buntglasscheiben,

hockt auf der blankgebeteten Holzbank unterm mannshohen
Altarkreuz  wie ein seltener, schillernder Paradiesvogel
in einem Käfig aus Dämmerung und knisternder Stille
atmet noch tief den Hauch
von Weihrauch und verstaubten Gebeten
und fängt zu sprechen an, halblaut, mit girrender Stimme:
Vater unser, du gehst mir auf die Nerven, Mann,
der du hier rumhängst, so träge, verträumt und nutzlos
den lieben, langen Tag, während draußen die Welt
vor die Hunde geht, hältst dich wohl für was Besseres,
willst dir nicht die Finger schmutzig machen
in deinem coolen Retrolook, deiner schicken toga praetexta.

Gewöhnlich verschlägt es Gott dann die Sprache,
und er hüllt sich in Schweigen,
und sein Schweigen dröhnt durch die Gewölbe und Kuppeln
wie ferne Hammerschläge,
irgendwo fällt eine Tür ins Schloss..
Hast wohl ein schlechtes Gewissen, alter Mann,
zu Recht...ruhst dich hier auf deinen Lorbeeren aus,
spielst den Verkannten, Verlassenen

*und setzt deine Leidensmiene auf.*
*Sieh dich doch nur mal an, wie weit du es gebracht hast*
*mit deiner Politik des Aussitzens:*
*Du gebietest über ein Reich von Staubmilben, Tauben*
*und pädophilen Pfaffen, dein tägliches Brot sind heuchlerische*
*Traueransprachen und deprimierende Litaneien,*
*und geheiligt wird dein Name nur noch*
*von alten, bildungsfernen Weibern*
*und neurotischen Vorschulkindern.*
*Du versündigst dich, flüstert Gott kaum hörbar,*
*die flackernden Spendenkerzen verzerren ihre Züge,*
*und ein spöttisches Lächeln flammt in ihren Augen auf..*
*O Gott, das sagst ausgerechnet du, der sich schuldig gemacht hat*
*der Todsünden des Hochmuts, der Trägheit und schlimmer noch*
*der Gleichgültigkeit...und du hast erschaffen*
*die giftige Schlange der Lüge, den Apfel der Verblendung*
*und hast Zwietracht gesät unter den Menschen,*
*wir haben die Vernichtungswaffen erschaffen,*
*aber du den Vernichtungswillen,*
*wir haben die Tyrannen geschaffen, aber du die Tyrannei,*
*wir haben die Nazis geschaffen, aber du den Hass...*
*Du hast uns die ungenießbare Suppe eingebrockt,*
*also hilf uns sie auszulöffeln...*
*Und an dieser Stelle verweist Gott dann kleinlaut*
*auf die Wunder der Schöpfung, das angeblich Gute im Menschen...*
*Paperlapapp, unterbricht ihn die Alte,*
*wir brauchen kein göttliches RTL und kein Opium...*
*(obwohl ab und zu etwas Gras...)*
*brauchen keine Kirchenpostillen und Fakenews,*
*wir brauchen deinen Wunderkram jetzt,*
*wo schon alle Messen gelesen,*
*wo wir abgeschrieben sind in allen Talkshows*
*und alle Zahlen und Statistiken gegen uns sprechen...*
*mach doch einfach nochmal die Nummer*
*mit Wasser und Wein, nur diesmal*
*mit Dummheit und Vernunft...*
*Kratz zusammen, was von deiner Kraft und Herrlichkeit noch*
*übrig ist im Himmel also auch auf Erden,*
*und führe mich nicht in Versuchung dir die Freundschaft zu*

kündigen, mein Wille geschehe und wir vergessen das mit den
Schuldigern, ach, und erlöse uns von den Religionen
in Ewigkeit. Amen.
Und an guten Tagen gibt Gott dann zu,
dass auch er Fehler gemacht hat, ein oder zwei,
und er legt sein dornengekröntes Haupt auf ihre schmalen
Schultern und weint eine Träne aus Stein.

Und wenn sie aufsteht und sich umdreht,
ist da wieder dieses weit entfernte,
fast überirdische Lächeln,
das alles verzeiht und nichts erwartet,
das alle Bedenken zerstreut und alle Bäume
in den Himmel wachsen lässt.
Und wenn sie hinaustritt in die abendliche Stadt
spiegelt sich dieses Lächeln in allen erleuchteten
Schaufensterscheiben,
den chromblitzenden Shoppingpassagen
und gläsernen Bürokathedralen
und durchdringt die Mauern aller Bankhäuser und
Versicherungsunternehmen
bis in die hintersten Winkel ihrer finstersten Absichten
und breitet sich aus in den Herzen
der Sachbearbeiter und Chefsekretärinnen.
Gott muss die Verrückten lieben, sagen die Vorübergehenden.
Sie fährt zurück durch ein Spalier von lächelnden Gesichter,
und staunend sehen die Menschen:
eine Königin auf einem Haufen Blech und Rost.

## Stilles Wasser (für Hannes) _____

*(Zur sprichwörtlichen Tiefe siehe unten),*
*von harten Trinkern als zu süß empfunden,*
*liegt es idyllisch und aufreizend stumm*
*und formvollendet in der Landschaft 'rum.*
*Die spiegelglatte Oberfläche spiegelt nichts*
*als nur das Trugbild eines lieblichen Gesichts,*
*und manchmal huscht wie ein morbides Schwächeln*
*über die Wasserfläche ein gequältes Lächeln.*
*Gespräche stören selten die Idylle,*
*nur aus der Tiefe steigen Blasen dunkelster Gefühle.*
*Doch Angeln ist hier grundsätzlich verboten -*
*kein Unbefugter soll die Abgründe ausloten.*

*Man wünscht sich plötzlich, dass ein Sturm sich hebt*
*und alle Kartenhäuser unter sich begräbt,*
*das stille Wasser und den Grund aufwühlt*
*und alles Unterirdische nach oben spült,*
*die Furcht, Begierden und die Leidenschaft,*
*die stets das Chaos will und stets die Schönheit schafft.*
*Ach, Hirngespinst, Abfallprodukt von regressiven Schüben!*
*Dies stille Wasser könnte nie ein Wasser trüben.*

*Nur manchmal, wenn du zur Gitarre greifst*
*und virtuos durch schräge Harmonien streifst*
*und dich im Spiel versunken eigentlich als Mensch begreifst,*
*dann sieht man in der Tiefe große Fische glühen*
*und rote Quallen leuchtend durch das Dunkel ziehen*
*und glutäugige Schlangen in die Höhlen fliehen,*
*der fremden Formen sieht man und der Farben viel*
*und dann und wann ein schwarzes Krokodil.*

## Pinball Wizard (für Moritz) ───────────

Der Kosmos unter Glas säuselt Verführung,
Pinup-Girls räkeln sich auf Zielscheiben und Rampen,
Erotikszenen glühen und bei Berührung
der Flipperkugel orgeln dralle Rotlichtlampen.

Von Lust und dumpfen Leidenschaften unberührt
fühlt sich der Zauberer in seinen Flipper ein,
und er versucht, von keinen Absichten verführt,
Ziel und Bewegung gleichzeitig zu sein.

Die Kugel folgt nur niederen Instinkten,
sie flippt von prallen Schatztruhen zu imitierten Küssen,
wo Dollars eben noch und Riesentitten blinkten,
irrlichtert sie jetzt zwischen toten Hindernissen.

Erst einmal auf die schiefe Bahn geraten,
schlittert die Kugel blindlings in die Tiefe,
wo Bumper, gobble holes und schräge Slingshots warten
und dunkle Abgründe am Ende jeder Schiefe.

Der Zauberer wirkt diesem Abwärtstrend entgegen,
er weiß um alle saves und jeden Trapping-Trick,
und so versucht er sanft die Kugel zu bewegen,
zurückzutaumeln in ein unwirkliches Glück.

Sein Spiel kann nur der Magier selbst beenden,
erst wenn er geht, gehn auch die letzten Lichter aus.
Glück oder Zufall hält er selbst in seinen Händen,
er träumt die Laufbahnen der Kugeln weit voraus.

Du hast ihm tausend Mal beim Spielen zugesehen -
täuscht er dich nur, verführt er oder zaubert er?
Du glaubst die Macht und ihr Geheimnis zu verstehen,
und du verwechselst dich schon selbst mit diesem Zauberer.

Plötzlich erkennst du, dass er dich beim Namen nennt:
Du bist die Flipperkugel, die sich selber tilt,
in einem schrägen Spiel, das nur Verlierer kennt,
von einem namenlosen Spieler schlecht gespielt.

## *Ach, Pubertät (für Line)* ———————

*„Süße, kleine Maus...(ne, das geht gar nicht)...*
*echt cooles outfit, siehst wie 16 aus!"*
*Da hängt ein leicht gequältes Grinsen im Gesicht*
*und breitet sich zu starrem Argwohn aus,*
*ungläubiges Erstaunen sucht die Wahrheit:*
*„Ich weiß, das war jetzt krasse Ironie!?"*
*- Enttäuschung und Triumph zur gleichen Zeit!*
*„Wo denkst du hin, so etwas Garstiges benutze ich doch nie."*

*„Du hast doch sicherlich schon einige Verehrer?"*
*Sie sieht mich neugierig und angewidert an.*
*Der Augenaufschlag allerdings wiegt schwerer*
*und deutet unsagbare Heimlichkeiten an.*
*Sie hängt gelegentlich mit ihren älteren Cousins ab,*
*doch bei den Machothemen, die echt prickelnd und brisant sind,*
*schaltet sie schnell auf Durchzug oder einfach ab.*
*Das regt sie auf. Sie ist ja noch ein Kind.*

*Sie nimmt sich ihre Freiheit in Romanen,*
*die sie auch liest, doch öfter selber schreibt -*
*was sie nicht weiß, will sie zumindest ahnen.*
*Sie will allein sein und hofft, dass sie es nicht bleibt.*
*Und sie hat keinen Bock auf seelische Betreuung.*
*Sie spiegelt sich verträumt im dunklen Fensterglas.*
*Die Meute lechzt nach billiger Zerstreuung:*
*„Hey pretty Baby, zeig uns doch mal was...!"*

*Erst ein Erröten und kokettes Zieren,*
*ein Pas-de-deux mit ihrer Perlenkette,*
*dann lässt sie sich vom Beifall doch verführen...*
*„Mama am Schminktisch bei der Morgentoilette!"*
*Sie ahmt akribisch und dramatisch überzogen*
*die Akte weiblicher Verwandlung nach,*
*und schließlich ist sie dann ganz angezogen,*
*und zieht noch schnell die Lippen nach im Schminkgemach.*
*Ein Knicks und eine letzte tänzerische Drehung,*
*dann Jubelsturm, man klatscht sie johlend ab...*

*sie schwelgt im Rausch der plötzlichen Erhöhung*
*und lehnt doch jede Zugabe entrüstet ab.*
*Sie hasst das Spiel und liebt die Maskerade*
*und hält Bewunderung für einen fiesen Trick*
*und zieht sich schmollend hinter die Fassade*
*eines beleibten Buchrückens zurück.*

*In Büchern fühlt sie sich verständnisvoll behandelt*
*und handelt selber frei und unbeschwert,*
*wie die bekannte Menschheit aber handelt*
*erscheint ihr nur verwirrend und verkehrt.*
*Sie ist verschlossen offen und verbissen lässig,*
*und ihre Mutter findet sie voll durch den Wind;*
*die kommt ihr nur noch nervig und gehässig*
*und spricht sie an wie ein verirrtes Kind.*
*„Was ist aus meiner Kleinen nur geworden?*
*Sie reagiert nur grantig, pampig und pikiert*
*und zickt mich an mit ordinären Worten,*
*wenn sie mich nicht vollständig ignoriert.*
*Ich hoffe nur, dass diese destruktive Phase*
*in absehbarer Zeit von selbst vergeht,*
*ob ich sie einfach mal sich selber überlasse?*
*ich weiß bald wirklich nicht mehr, wie es weitergeht…"*
*Ach, Pubertät!*

## Oles Zimmer ───────────

*Ein schräger Septakkord*
*hat sich im Vorhang verfangen,*
*hängt nun da wie ein seltenes Insekt*
*aus unvordenklichen Zeiten.*
*Die kleine, erschrockene Spinne drüben*
*hetzt die Tonleiter rauf und runter.*
*Fetter, verschmierter Basslauf*
*schliert übers Parkett.*
*Wenn ich ein Fenster öffne,*
*segelt dein letztes Notenblatt*
*quer durch die Stille,*
*verstaubte Quinten regnen*
*von den Regalen,*
*ein abgebrochener Notenschlüssel*
*rüttelt am Schloss.*
*Alle Wände flüstern mit deiner Stimme,*
*und die alte, verschlissene Couchecke*
*summt noch im Schlaf deine Lieder.*
*Alles klingt nach dir,*
*so leer und verloren und unvollendet*
*ohne dich.*

*Ja klar, könnte man meinen:*
*Es ist die Musik, die wir vermissen,*
*diese magischen, unerhörten Töne,*
*die uns sprachlos machen,*
*die all unsere verborgenen Saiten anschlagen,*
*und all unsere vergessenen Träume anstimmen,*
*die noch die tiefsten Räume zum Schwingen bringen*
*und uns leuchten in finsterer Nacht.*
*Aber das ist es nicht:*
*Es ist dieser Mensch, der fehlt,*
*mit den sanften, begnadeten Kinderhänden,*

dieser verspielten Freude an Klarheit
und Harmonie, mit der traurigen,
flirrenden Abendsonne in den Augen,
die nie untergeht,
und diesem hoffnungslos blauen Blick
auf die Welt der endlichen Dinge...
der fehlt, weil er hier war
und uns berührte und erhob und träumen ließ
und nun gegangen ist.

## Politische Erziehung *(für Luca)*

*Der Scheiß-IS...Produkt des Kolonialismus...*
*eh Dicker, lass doch mal den Kuchen rüberwachsen...*
*und des verdammten US-Imperialismus...*
*eh Kleiner, wovon träumst du?...werd endlich erwachsen!*

*Die Kaffeetafel kann das Chaos kaum noch fassen,*
*das Flüchtlingsdrama nimmt seinen obszönen Lauf*
*zwischen Kirschtorte, Sekt und leeren Kaffeetassen...*
*eh, diese abgefuckten Faschos*
*nehmen doch einfach keine Flüchtlinge mehr auf.*

*Den ganzen neoliberalen, aggressiven*
*Kapitalismus kannst du in der Pfeife rauchen...*
*vergiss die Star Wars-Scheiße, Kleiner...diese progressiven*
*Einsichten wirst du nochmal dringend brauchen!*

*Mit TTIP sind wir auch nur wieder angepisst...*
*Gewinner sind die Multis und verfickten Amerikaner...*
*hey Kleiner, checkst du, was hier Sache ist...*
*die sponsern noch die Kriege ärmster Afrikaner.*

*Was ihn das alles angeht, sieht er nur verschwommen,*
*er fragt sich zaghaft, ob er Wahrheit oder Kekse will,*
*und schwankt zwischen bedingungslosem Grundeinkommen*
*und einem coolen, abgezockten Handyspiel.*

*Die Onkels sind jetzt schon bei Bier und Küstennebeln...*
*eh, wenn du schon scheißfernsiehst, dann doch bitte kritisch...*
*lass dich von Werbung nicht verdummen und vernebeln...*
*verstehst du, Kleiner...alles ist politisch!*

*Der Kleine zeigt sich willig und gelehrig,*
*er liebt die Onkels und bewundert sie unsäglich,*
*der Weg vom Wort zur Tat jedoch ist schwierig,*
*und erste Testversuche scheitern bald schon kläglich.*

*Er findet Mathe jetzt reaktionär und chauvinistisch,*
*er spielt begeistert Tote zählen in der Glotze*
*und nannte auf dem Schulhof revanchistisch*
*ein unbeliebtes Mädchen „blöde Faschofotze!"*

*Eh Kleiner, das geht gar nicht...so zu handeln...*
*check dich doch mal moralisch und selbstkritisch...*
*du kannst doch Mädchen nicht so abwertend behandeln...*
*Entspann dich Dicker, war doch nur politisch!*

# Inhalt

ISBN 978-3-00-071552-5